새벽부터
뛰었는데
벌써 석양

새벽부터 뛰었는데 벌써 석양

| 김정옥 시집 |

도서출판 천우

시인의 말

일 초
일 분
한 시간
하루
한 달
일 년
칠십 년 수많은 날을 산전수전 다 겪고
고난의 길도 어깨에 메고 걸어서 왔으며
다행히 늦깎이로 칠순을 바라볼 나이에 문학을
접하고 시를 배우며 좋은 선생님들 덕분으로
등단이란 큰 문턱도 넘었습니다.
칠십 년 하고도 이 년을 더 살고 있는 지금
시집 출간이라는 거대한 꿈을 실현하게 되어
세상 밖으로 내보낼 두려움과
가슴을 에워싸는 부끄러움이 얼굴을 가립니다.

2018년 10월

김정옥

제1부

고향집 대숲에 바람 불면

제2부

인생사 별거더냐

제3부

늦게 핀 꽃도 아름답다

제4부

바람이 불어오는 그곳

제5부

일출의 웅장함

제1부

고향집 대숲에 바람 불면

아카시아 꽃이 필 때

오월이 오면
내 고향 언덕배기에

눈송이처럼
하얗게 핀 아카시아 꽃

바람에 실려
코끝을 스치는 꿀맛 같은 향기

그 꽃 그 향기
속에 묻혀서 뛰놀던 곳

세월이 할퀴고 간
나의 뒷모습처럼

그곳 언덕배기 아카시아
꽃도 향기도 다 사라져가고

꿀벌들도
향기가 없어 날지 못하고

그리운 나의
추억도 날지 못하네

고향집 대숲에 바람 불면

솔개바람 대숲을 지날 때
바스락바스락
귓가에 들려오는 소리

울 엄마 밭에서
치맛 자락 끌고 오는 소리

울 할머니 시장 갔다
맛있는 것 사 오시는 소리

돌담 사이로 생쥐 들랑날랑
눈 굴리며 눈치 보는 소리

앞마당 굴밤나무 위
까치 집 짓느라 날갯짓 하는 소리

낯선 사람 동네
어귀 들어서면 개짖는 소리

우리 집 굴뚝에 연기 나면
옆집 할매 고무신 끌고 오는 소리

이 모든 소리들은 내 유년 시절
고향에서 보든 정겨운 일상

고향집 지금은 울 할매도 울 엄마도
대숲도 굴밤나무도 까치도

모두 다 떠나가고 돌담만 지키고 있으니
생쥐만 들랑날랑하고 있겠지

고향집에서 하룻밤

중천에 뜬 달그림자 사이로
창문에 비치는 댓잎 흔들리는 소리

가슴이 시리도록 아름다운 풍경을
오랜만에 느껴보는 정겨운 고향집

앞산에 부엉이는 부엉부엉
뒷산에 소쩍새는 배고프다고 우는데

문 틈새로 새는 바람에
문풍지만 들랑날랑 거리고

만리장성 길이만큼 긴 사연을 가진
내 고향집에서 하룻밤은

두루마리 화장지처럼
돌돌 말려져 다 풀 수가 없네

그땐 그랬었지

초가지붕 위에는
둥그런 하얀 박이
만삭된 배를 내밀며 누워있고

사립문밖에는 보름달이 떠서
온 동네를 환히 비춰주는데

도리깨 타작으로 온몸 껍데기
발가벗기어 씻은 보리쌀
뜨거운 무쇠솥에서 피어난 꽁보리밥과
항아리에 절어둔 고등어 한 마리에

옹기종기 밥상에 둘러앉은 가족들
웃음꽃이 박꽃같이 피어나든 그곳

등잔불 아래 아랫목에 둘러앉은 마음들이
이불자락 속에서 포개진 발 발가락들
보리밥 냄새 구수한 고향집 저녁 풍경이 참 그립다

내 마음속 추억 1

강가에 앉아서
흘러가는 강물을 바라보다
옛 생각에 잠겨보니
그땐 이 강물도 깨끗하고
강폭도 많이 넓고 컸는데
지금은 강이 아니라 시냇물이 되어있네

겨울이 되면 온 동네 어른들이 나와서
큰 돌들을 가지런히 놓고 긴 나무를 걸쳐서
그 위에 청솔가지를 올리고 흙을 덮어서 다지고
만들면 튼튼하고 푹신한 다리가 되어
우리들은 좋아서 들판을 뛰어
강을 두 개나 건너 학교에 다녔지

여름이 되면 큰비가 오고 장마가 지면
다리는 떠내려 가버리고 없어졌지
수업을 하다가 비가 많이 내리면 강물이 넘치기 전에
선생님은 우리 동네 어린이들을 빨리 조퇴를 시켜주셨고

그러면 우리들은 책보자기를 허리에 차고 들판을 달려오면
온 동네 부모님들이 나와 계시고
강물은 황토색으로 변하여 무섭게 흘러가면

젊고 힘센 어른들이 허리에 새끼줄을 묶어서
우리들을 하나둘 끼고 강물을 건너 주셨지

옷과 책, 보자기는 다 젖었고
온 집안에 펼쳐 놓고 말리면 책은 쭈글쭈글해지고
그러면 무거운 물건을 책 위에 올려서 펴곤 했었지

지금은 내 마음속에 추억으로 남아 가끔 눈을 감고
그때를 회상하면서 향수에 젖어 보는 내 고향 산청 두곡

내 마음속 추억 2

내 고향은 배산임수가 참 좋은 동네다
뒷동산은 높지도 낮지도 않고 푸른 소나무와
도토리나무들이 많고 토끼와 뛰어놀기도 좋았다

동네 앞에는 들이 있고 들판을 지나면
황매산에서 내려오는 양천강물이 사철 맑게 흐르고
농사짓는 데는 좋은 젖줄이 되어 주었으며

여름이면 학교 다녀오다가
더우면 멱도 감고 개헤엄 치며 놀다
발밑에 밟히는 모래모치 고기도 잡고

겨울에는 강물이 얼면 스케이트도 타고
재미나는 일이 참 많은 곳이었지

지금은 많이 변하여 동네 집 앞까지
2차선 아스팔트길이 들어서
하루 두 번 버스도 들어오고

강 위로는 넓은 다리가 놓여
사철 발에 물 안 넣고 자동차로 다닐 수 있으며

겨울에서 봄까지 하우스 안에 빨갛게 익은
딸기가 주렁주렁 매달려 일등품으로
서울까지 팔려가 소득을 내고 여름이면 양파가

가을이면 벼가 익어가는 풍요로운 고향엔
내 어린 시절 추억이 돌담길 모퉁이마다
희뿌연 안개로 싸여 나를 못 잊게 하는 곳이다

새벽부터 뛰었는데 벌써 석양

새벽부터 뛰었는데
벌써 석양이 된 친구들이
얼굴엔 살아온 훈장 몇 개씩 달고

단계초등학교 총동창회에 초대되어
원로라는 표시가 붙은 좌석에 앉으니
세월의 무상함과 감개무량을 느꼈다

우리가 입학했을 때는
6 · 25 전쟁 직후라
학교도 불타고 교실도 없어서

날씨 좋으면 동산에 가서 탄피와 삐라도 줍고
비가 오면 남의 집 처마 밑에
가마니 깔고 공부하며 지낼 때가 많았지

참 그땐 고난의 시절이었으며
헐벗고 배고프고 모든 것이 다 부족했고
지금 어린 후배 학생들은 이해를 못 하겠지만

감히 배움이란 단어도 꺼내기 힘든 시절
그래도 여기 모인 특히 여자 친구들은 부모님의 많은 배려다
시골에서 여자는 공부하면 안 되는 시대였으니까

우리가 36회고 지금이 96회라니
운동장에 뛰놀던 때가 엊그저께 같은데
참 세월이란 강물이 흐르듯 무심히 흘려버리고

손자 손녀 같은 후배님들의 재롱 잔치가
입가에 미소가 절로 나게 하는구나

추억으로 가는 길

돌고 돌아 반세기 넘어
고향집 마당에 들어서니

어머니는 부엌에서
아궁이에 불을 때고
가마솥에서는 맛있는 음식이 김이 모락모락
부지깽이 든 손으로
뛰어나오시며 반겨주시네

마당에는 꽃들이 활짝 피어 나를 반기고
안방으로 들어가니
그곳에도 어머니가
등잔불 밑에서 바느질을 하시는데

다시 집안을 둘러보니
그것은 내가 어머니의 그때 모습으로 변하여
그곳에 와 착각으로 보인 현상

내 할머니만큼 산 세월
지금 거울을 보노라니
꼭 그 시절 그 집에서
내 어머니만큼 늙어
그곳에 서서 그때를 회상하며
지나온 발자취를 되새겨 보고 있네

하얀 찔레꽃

지금쯤 내 고향 밭 울타리에
하얗게 피어 있을 찔레꽃 생각난다

내 유년 시절
봄이 되면 가시덤불 속에
파란 찔레 순이 올라오면 꺾어 먹던 추억

쌉쌀하고 달짝지근한 맛과 향이
지금도 혀끝에 느껴지는 듯 하는데

가시덤불 속에
꽈리를 틀고 있는 뱀을 보고 너무 놀라
다시는 그곳 그 찔레 덤불에는 갈 수 없었던 일이며

밤에 잠을 자다가
그 끔찍한 뱀 꿈을 꾸고
놀라 울던 일이며 쌉쌀하고 달보드레한 맛들이

그리움으로 켜켜이 쌓여서
고향집이 그리워지는 내 유년 시절도
이젠 모두 탈색되어 새벽안개같이 사라져가는구나

총동창회를 마치고

오랜만에 학교 주위를 한 바퀴 둘러보니
화단은 정원으로 변하여 자목련 철쭉 등 많은 꽃들 피어
잘 가꾸어 놓은 유원지처럼 아름다웠다

학교를 빙 둘러싸고 있는 운치 있는 돌담길이며
그 가운데 자리한 정문에는
삭비문(數飛門) 이란 문구의 현판이 걸려있는데

즉 학생들이 날을 수 있는 몸짓인
기초 학문을 배운다는 학구의 뜻을 나타낸
아름다운 뜻이 담긴 글귀라는데

옛날 서원에서나 볼 수 있는
세 칸짜리 솟을대문이
교문으로 특이하게 만들어져 있어 그런지

아름다운 학교로 선정되었다니
정말 자랑스럽고 훌륭한 나의 모교다

회상해본다

차 한 잔 앞에 놓고
창가에 앉아서
소리 없이 흘러가는
저 구름을 바라보며
옛 생각에 잠겨본다

참 나에게도
따뜻한 시절이 있었지

어머니의 분주한 도마질 소리
가마솥에서 밥 익는
구수한 냄새가
봉창 문 틈사이로
안방까지 들어오면
솜이불처럼 따뜻한 아침이 있었지

지금도 내 머릿속에
저장되어있는 그 순간들은
아름다운 추억으로 남아 지워지지 않는구나

때늦은 후회

세월이 한참 흐른 뒤에 깨닫고 보니
그땐 너무 늦어 후회만 남아있네

애야 한번 오느라
애야 언제 다니러 올 거니

전화기 넘어 들려오는
어머니의 힘없는 목소리에

난 퉁명스럽게 갈 시간이 없다고 볼멘소리만 할 뿐

오늘 당장 갈게요 라고 말 한마디 못하고 안 간 것이
지금 와 생각해도 제일 후회 되는 말

내 어머니 나이만큼 먹고 나도 늙어보니
그 마음 이제야 가슴속 깊이 느끼며

지금 내 심정과 똑같았으리라 생각하니 헛헛하다

오감

오늘도
나 살아있으므로
오감을 느끼며 즐기고 있노라

달과 별

달빛이 밝으니
그림자도 아름답고

별빛이 반짝이니
스치는 바람도 시원하네

마음이 즐거우니
기분도 상쾌하다

난 이렇게 말하겠어요

만약에 당신과 다시 만날 수 있는
그 날이 돌아올 수 있다면
난 이렇게 말하겠어요

사랑했었다는 것을
당신이 떠난 후에 알게 되었다고

언젠가 당신과 같은 곳에서 다시 볼 수 있는
그 순간을 맞이할 수 있는 날이 온다면
난 이렇게 말하겠어요

죽을 만큼 미운 정도 사랑이란 것을
떠난 후에 깨달았다고

세월이 흐른 후에 돌이켜 생각해 봐도 그 순간은
가슴에 못이 박히는 평생 후회되는 날이었다고
난 이렇게 말하겠어요

그 시간 같이 못 해 정말 미안하다고
한 번도 하지 못한 심중에 있는 말 좋아하였노라고
난 이렇게 말하겠어요

할머니와 꽃밭

나의 할머니는 꽃을
정말 사랑하시는 분이시다

지난해 받아두었던 꽃씨들을
매년 이른 봄부터 씨를 뿌려 정성껏 키워서
보슬비가 내리는 날이면
온종일 모종을 하시는데

금송화 맨드라미 봉숭아 백일홍은 나란히
키 작은 채송화는 맨 앞줄에
골목에 들어서면 뿜어내는 꽃향기가
코끝을 자극하여 시야가 맑아지는 기분

마당에 들어서면 담장 옆에는
황매화 접시꽃 줄 장미 분꽃
다알리아 난초 수선화 등
이름 모를 꽃들이 제 자리를 차지하여

철 따라 피는 꽃들 속에서
내 유년은 그렇게 같이 자랐다

제2부

인생사 별거더냐

살다 보면

지나고 보면
그때가 모두 다 꽃봉오리처럼
제일 아름다웠다는 것을 왜 이제 알았을까

더 살다 보면
그때 그 시간도 소중하고 즐거웠다는 것을
지금 느끼고 알았을 땐 너무 늦었겠지

이 시간 되어보니
장롱 속에 입다 넣어둔 구겨진 옷처럼
낡고 퇴색된 세월의 흔적만 남아서 허우적거리고 있구나

살며시 눈 감으면

살며시 눈을 감으면
그리움들이 밀물처럼 밀려오고

생각이 그곳에 머물면
낡은 가구 위에 쌓여있는

희뿌연 먼지들처럼 어리는 고독들
생각을 말자 생각한들 무슨 소용 있으랴

고독과 그리움은 공존하는 것
잊어라 잊어버려라 모두 흘려버려라

사랑도 미움도 그렇게 다가오고 다가와서
상처만 남기고 떠나가는 것

그래도 잊지 못하고 잊어지지 않고
보고 싶고 생각나고 그리워지는 것은

지나온 세월에 쌓아온 정들이 뭉쳐
무거운 쇠사슬처럼 연결되어 있음이

이 또한 흐르는 세월이 약이 되리라

몽돌 같은 마음

하얀 서리 머리 위에 내려앉으니
뾰족하고 날카롭던 마음
모서리 닳고 닳아 몽돌같이 둥글어지고

아리고 멍든 마음 표현도 못 한 채
세월은 흐르고 흘러서

당신의 그림자는 싸늘한 바람 되어
서산 노을에 걸쳐 있는데

먼 길 떠나는 철새처럼
감출 수 없는 허전한 이 마음 서러워라

석양에 비친 노을

서산에 걸린 해는
둥근달 되어 바다 위에 헤엄치고

석양에 비친 노을
황혼의 깃발 되어 펄럭 인다

짙게 내려 깔리는 어둠
파도 자락에 밀려가고

후줄근한 낡은 그림자
수평선 위에 떠 있는데

구름 위를 걷는 세월은
바람이 쓸어가고

주위를 맴돌던 향기들은
하얗게 탈색되어 어둠에 잠든다

아름다운 모습 낙조

열심히 하루를 달린 오후
시간들은 강물처럼 흘려버리고

미쳐 빠져나가지 못하고 남아있는 미련들
드문드문 주홍빛 색을 입혀놓고

처연하게 하루를 마감하는
아름다운 당신의 뒷모습

수줍은 새색시 볼이 생각나는
선홍빛 고운 모습 뒤로

금빛으로 빛나는 파도는
황금 비늘 되어 일렁이며 유혹하네

지나온 삶을 뒤돌아보며

그루터기라는
세월에 걸터앉아서
하염없이 흘러가는
구름을 바라보며

지나온 세월
삶의 무게를 달아보니
정말 무거운 짐을 지고
팽팽하게만 살아왔네

이젠 두 어깨의
짐들을 내려놓고
여유 있고 느슨한
마음으로 살아 보련다

인생 백세 시대라지만
모든 사람은 아닐 듯
살아있는 날까지 시야를 넓혀
앞뒤 옆도 돌아보고

인생의 새로운 설계를 만들어
사철의 아름다움도 느끼며

후회 없는 황혼을 맞아
즐기면서 살아 보련다

언젠가 인생의 끝자락에 섰을 때
참 한세상 꽃놀이 즐거웠노라고 웃으면서

노래하며 떠날 수 있는 그 날을 위해
오늘도 최선을 다해 노력하고
긍정적인 마음으로 살아 보련다

인생사 별거더냐

인생사 뭐 별거더냐

살다 보면 바람 불고
비 오는 날도 있고

햇볕 나고
즐거운 날도 있지

이렇게 살아도
한세상 살아가고

저렇게 살아도
한평생 살아가지

나이 먹고 늙어도
자존감은 잃지 말고

세상과 소통하며
두리뭉실 살아보세

모두 부질없는 일

큰 것만 붙잡고
당신만 잘 못 한다며
매일같이 쳐다보고 아옹다옹했건만

계절이 몇백 번을 돌고 돌아
지금에 와 생각해보니 모두 부질없는 일

세월이 지난 후에 알고 보니
그것은 큰 것이 아니고
아주 작은 소소한 것들이었네

남의 떡이 크다는 것은
속은 보지 않고 겉만 보고 하는 말들

깨알같이 작은 것에도 감사하며 사는 것이
그것이 행복이라는 것을 이제야 깨달았네

인생이란

인생사 새옹지마라 하더니만
얻는 것이 있으면 잃는 것이 있고
잃는 것이 있으면 얻는 것이 있다는 건 빈말이 아니구나

삼라만상 살아가는 이치가 또한 둘이 아닌데
우주의 색과 빛 모든 것이 한 찰나에 머물지 않고
세상의 만물이 하나 되어 돌고 돌아가는구나

공수래공수거 인생은 빈손으로 왔다가 빈손으로 가는 것
너무 욕심내어 쌓아두지 말고 서로 나누며 살아가면 좋으련만
우리네 삶 또한 마음먹은 대로 쉽지 않는 일이구나

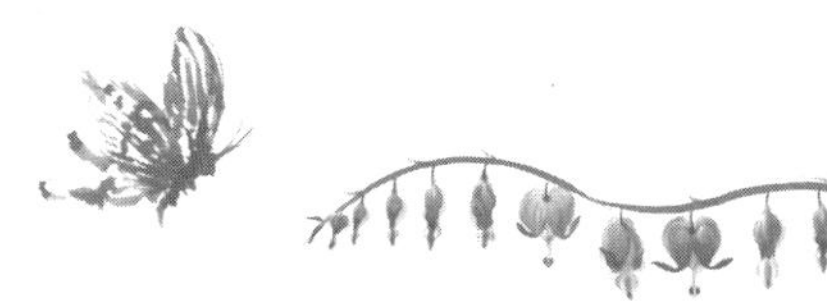

서로가 서로에게

반백 년을 같이 살면서
서로가 서로에게

아무것도 잘해준 것이 없다며
애들같이 볼멘소리로 투정만 부렸는데

이제 와서 돌이켜 생각해보니
그런대로 최악은 아닌 것 같네

이 집이나 저 집이나 사람 사는 것
매일반이지 별반 다를까마는

앞으로 살아갈 날 얼마나 될지 모르지만
지나온 세월 나쁜 기억은 빼고 좋은 기억만 저장

하나 아닌 둘

나비 있는 곳에 꽃이 있고
꽃이 있는 곳에 나비 있으니
나비와 꽃은 일심동체

임 있는 곳에 내가 있고
내가 있는 곳에 임이 있으니
우리도 같이 일심동체

물 있는 곳에 고기 있고
고기 노는 곳에 물 있으니
물과 고기는 유유자적

내가 나에게 보상을 해주고 싶어

칠십 평생 내 몸뚱이
힘들게 끌고만 다녔지

제대로 호강 한 번
시켜주지 못해 미안한 마음

다른 사람들은 웃고 떠들고 놀 때
내 가슴은 피멍이 들도록 울었다

나는 가면을 쓰고 다니며
즐거운 척 행복한 척 연극을 하였지

이제 인생의 막다른 골목에 와서 보니
만신창이 된 몸뚱이한테 보상을 해주고 싶은데

어떻게 해주면 좋을까
온몸에 보석을 감아주면 될까

아니면 세계 여행이라도
이 모두 부질없는 겉과 속이 다른 말장난뿐
아직도 시작을 못 했는데

날씨 같은 내 마음

날씨와 같이 변하는 내 마음
금방 햇볕이 났다가 흐려지고
비가 오는가 하면 맑아지는 기분

시 공간의 외로움들이 스물스물 올라오면

혼자 손뼉을 치고 웃다가
가만히 생각하면 슬퍼서 울고

죽을 만큼 외롭다가
한없이 편안한 이 시간이 뭐야

일흔두 살의 혼란 시기는 어떻게 표현할까

사춘기를 넘어서 갱년기도 지내고
지금은 노년기를 치르고 있는 건가

흘려보낸 젊음과 뒤따라가는 노년을 잘 융합 시켜야겠네

세월 따라가는 인생

세월은 지나온 흔적도 남기지 않고
나를 끌고서 달리고 달려가고 있네

사노라면 이런 일 저런 일로 부딪치는 것도 많지만
달리는 세월이 너무 빨라서
나도 모르게 욕심을 부리며 살지는 않았을까

급한 마음에 행운을 찾으려고
행복을 놓치며 살지는 않았는지

가버린 시간은 다시 만들 수 없고
지나가 버린 세월도 되돌릴 수 없으니

내 인생의 봄날은 언제였던가
다시 한번 그 봄날을 되찾을 수는 없을까?

모두가 부질없는 시간들을 다 보내고 나니
아궁이에 타고 남은 재같이 헛헛한 마음뿐이구나

세월의 정거장

세월아 거기 좀 서거라
쉬어갈 정거장도 없는데
무엇이 그리 급하여 앞만 보고 달려가느냐

누가 너를 오라는 이도 없고
가라고 떠미는 이도 없는데
쉬엄쉬엄 가면서 지나가는 풍경 구경 좀 하자꾸나

바람 따라가는 것이 구름이고
시간 따라가는 것이 세월인데
너 따라가려니 다리도 아프고 숨도 차구나

흘러가는 너를 붙잡을 수 없고
뒤따라가는 나도 막을 수 없는데

바퀴 없이 달리는 세월아
내가 살아온 발자취는 남길 수 있게
가속도 내어 속도위반은 하지 말자

나이를 묻지 마라

일흔이 넘으면 어떤 이는
노인이라 말하고
또 어떤 이는 아직 청춘이라 말하네

당기면 늘어나고 놓으면 줄어드는
나이는 고무줄이라 누가 말했던가

여자에게 연세는 어떠냐고 묻지를 마라
나이는 숫자일 뿐
아직도 자존심은 남아있다네

연

연은 보살이다
사람의 몸과 마음을 정화 시켜주며
시커먼 뻘밭에서 뿌리내려도
자기 몸속은 진흙탕 물들지 않고
하얀 속살 그대로 깨끗하게
온 몸뚱이 사람들한테 나누어 주네

잎은 연밥으로 차로 마음을 진정시키고
씨는 연자 영양죽으로
뿌리는 다양한 음식 재료로 쓰이며
자기 몸 모두 내려놓으니
연은 참 큰 보살이다

사월 초파일 부처님 탄신일이면
절에서는 연등을 만들어 불 밝혀서
만 중생에게 나누어 같이 공유하며
맑고 깨끗하게 라는 마음의 안식처를 주고
그 고귀한 연꽃은 큰 다완 안에서 화려하게 다시피어나
속세에서 찌들은 사람들의 마음을 안정시켜주니
연은 관세음보살님이시다

제3부

늦게 핀 꽃도 아름답다

뒤뜰과 앞뜰

꽁꽁 언 북쪽 창밖
앙상한 나무만 쳐다보고
움츠리고 꼼짝도 하지 않고 있는데

남쪽 창문 틈사이로
솔바람의 손짓에 놀라
앞뜰 창문 열고 나섰더니

지난겨울 죽은 듯이
흙 속에 숨어있던 천남생 으아리
여러 야생화 꽃들이 뾰족뾰족 고개 밀고 인사하네

여기저기 새싹들
기지개 켜는 소리 요란한데

길 건너 키 큰 매화꽃
배시시 입 벌어지는 소리 들리네

봄이란 그런 것

봄은 남녘 끝자락에서
아지랑이 앞세우고

꽃신 신고
고운 님 만나려 오시나보다

먼 산에 잔설은
아직 남아있는데

매화꽃 거느리고
개나리 진달래
양팔에 끼고 사뿐사뿐
소리 없이 오시는구나

벌 나비는 잠에서
아직 깨어나지도 않았건만

목련은 벌써 떨어져
땅에 눕고 고운 님은 떠나고

봄은 다시 오련마는
지나간 세월은 돌아올 수 없구나

봄을 본다

해마다 어김없이
찾아오는 봄

봄은 그곳
그 자리에만 머물지 않는다

꽃피는 춘삼월이 되면
온 나라를 뒤흔들어

세상을 꽃밭으로 물들이고
수백 년 된 고목에도

소소한 것 작은 앵초꽃 하나에도
벌 나비 날아 앉게 하고

봄은 희로애락을 즐기며
사람들과 소통하는 법을 알아

남녀노소들을 밖으로
불러내어 같이 즐기다가

순식간에 형체도 없이 살아지는
그대 이름은 아름다운 봄

벚꽃이 피는 소리

탁탁 톡톡 토도독 팝콘이 터지듯
한꺼번에 벚꽃이 터지는 착각의 소리
귓가에 들려오니 덩달아 기분도 좋아지네

살랑살랑 부는 바람이 부드러운 손길로
그 꽃잎 어루만져주니 수줍어서
우수수 길가에 떨어져 내려앉으니

땅바닥에 하얗게 깔린 백설기 가루 같아
춘삼월 보릿고개 생각나서
마음 한구석이 휑하구나

봄 속의 낙화

꽃잎
너 떨어지는 서러움에
약속하다 말하지 마라

발에 밟혀 짓이겨진다고
슬퍼도 하지 마라

벌 나비도 너를 반겨
꽃술에 앉아 놀며

한때라도 사랑놀이
즐기지 않았느냐

화려한 자태로
뽐내고 유혹하며

단 며칠간이라도
사랑받지 않았느냐

늦게 핀 꽃도 아름답다

붉게 물든 단풍잎 속에
외로이 피어있는

저 철쭉꽃
봄에는 늦잠 자고 이제 일어났네

친구도 없이 계절의 착각 속에 치매라도 걸렸나
게으름쟁이 그래도
제 할 일은 다 하는구나

붉은 단풍도 제 갈 길 가려고
바람 따라 우수수 떨어지는데

샛노랗게 피어 있는
저 개나리꽃

봄에는 추워서
눈 못 뜨고 떨고 있다가
계절의 착각 속에 이제야 일어나
그래도 제 할 도리는 다하고 있구나

저 철쭉꽃도
저 개나리꽃도
너희들 탓만은 아닐 듯
늦게 핀 사연 있으리라

인생사 또 한 마찬가지
나와 꼭 닮았구나

이슬이 봄비처럼

봄비처럼
사랑이 왔다가

낙엽처럼
떠나가 버리고

벌 나비는
꽃향기 따라 왔다가

바람처럼
날아가 버렸네

사랑했던 마음도
지는 꽃잎처럼

꽃잎 위에 이슬처럼
흘러가 버리는구나

석굴암 가는 길

굽이굽이 열두 굽이돌아
석굴암 찾아가는 중턱 길에

애기단풍잎 붉게 물들면
임도 보고 너도 보려고 찾아갔지만

그곳엔 님도 없고 너도 지고 떨어져
붉게 타는 이 가슴 어떻게 하라고

시린 가슴 부여잡고 뒤돌아서지 못한 마음을
석굴암에 계신 부처님께 두 손 합장하고

백팔 배를 올리며
다음 생에 다시 만날 수 있길 염원을 드렸다

바람의 꽃

하얗게 핀 갈대꽃 위에
햇살 따라 바람이 흘러내리면
뼈마디 말라가는 소리 삐거덕삐거덕

딱딱하게 굳어진 육체
쥐어짜도 진액 한 방울 없고
파삭파삭 말라가는 몸뚱이

제 몸 하나 지탱하지 못하고
고개 숙여 부르르 흔들리면
푸석이는 바람이 쓰다듬어 주네

산촌의 초겨울 풍경

산촌의 초겨울은
찬 이슬에 떨어져 눕는데

빨갛게 익은 망개 열매
물방울 함초롬히 머금고
구절초는 힘없이 쓰러져 가네

떡갈나무 밑에 숨겨놓은 도토리
기억력 없는 다람쥐 찾지 못해 헤매고

산허리에 띠를 두른
희뿌연 운무는 산촌을 적시는구나

자연에 순응하는 그들

그들도 다 이름이 있는데
하찮은 풀이라고
지나는 발길들이 짓밟고 간다

앞에 서야 할 때와
뒤로 물러설 때를 알고
자기를 낮출 줄 아는 그들은 잡초

하늘에 푸른색이 짙어지고
뜨겁던 햇살 한발 물러서면

갈색 옷 얌전히 갈아입고
슬그머니 뒷전으로 물러난다

늦게 자란 친구 위해
있는 듯 없는 듯 물러서는 마음
그 나지막한 질서 속에 살아가는 그들

늙으면 흙으로 돌아가는 노인처럼
겨울이면 고요히 눕는 잡초들
자연에 순응하는 그들의 질서는 아름다워라

김해의 명차

김수로 왕의 왕비인 허황옥 공주가
인도 아유타국에서 시집오면서
혼수품으로 가져온 차 씨앗이

이천 년의 향기로 이어져서
오늘날 새로운 차의 역사가 만들어졌으며

명차는 들 찔레 맛 같은 상큼한 향이 나고
마시고 난 뒤에 입안 그윽하게 느껴지는 감칠맛
쓴맛보다 달보드레한 향이 혀끝에 맴돈다

햇차를 따서 매년 삼월 삼짇날쯤 되면
김수로 왕과 허황옥 왕비께
헌다례를 올리며 제를 지내는 모습이

하얀 나비 수백 마리가
수로왕능 주위를 떼를 지어 날아다니는 것 같은 착각
그것은 다인들이 입은 옷과 행위들의 착시현상이다

찻잎을 따면

햇볕이 따사로운
오월 싱그러운 바람이
차 밭에 내려앉으면

참새가 모이를 쪼듯이
뾰족한 부리를 닮은
연녹색 빛의 찻잎을

간난 아기 만지듯이
조심스럽게 정성을 다해
엄지와 검지로 살짝 떼어내면

코끝에 스치는 부드러운 향기
이 기분을 그 누가 알아줄까

찻잎을 따는
다인들 만이 느낄 수 있는 이 행복

이 찻잎을 덖어서 유염과 발효를 시켜
녹차를 만들까 청차를 만들까?

아니 홍차를 만들어 우리 님께 드려야지

두리차회

일 년에 한 번 전국에서 수십 팀의
다인들이 모여 한복도 꽃과 나비같이
형형색색으로 곱게 차례 입고

차와 다구와 다과며 장신구들과
찻자리 다화를 곱게 꾸미고
장식하여 펼쳐 놓고 차의 맛을 선보인다

다인이 차를 어떻게 발효시키느냐에 따라
녹차 백차 황차 청차 홍차 등
많은 차 이름이 되고 맛의 차이가 나며

찻잎은 개인의 기량에 따라서
달보드레한 맛 순한 맛 떫은 맛 여러 가지 맛과
차의 오색찬란한 색과 빛이 달라지며

시간과 정성 많은 노력으로 만든
발효차를 우려내어 선보이며
다인들은 자긍심으로

일 년의 수고와 인내력으로 빚어낸
차의 빛과 맛을 그날 품평을 받는다

차를 마시며

찻잔에서 피어나는
녹차의 그윽한 향기가
코끝에 올라오면
머리가 맑아지고
눈이 환해지는 기분 좋은 이 느낌

입술로 차를 살짝 음미하면
혀끝에서 느껴지는 그 향기에
마음은 차분해지고
심신이 평온해지며
입안에 맴돌며 남아있는 기분 좋은 이 맛

한 잔에 향기를 느끼며
두 잔에 맛을 느끼고
석 잔에 멋을 느낄 때
다관 안에 남아있는
녹차 잎은 다시 꽃으로 피어난다

제4부

바람이 불어오는 그곳

바람이 불어오는 그곳

지금 부는 바람은
남풍일까 북풍일까?

엊그제만 해도
북쪽의 시베리아 바람이
온 나라를 감싸드니

오늘은 남쪽의 남풍이
북쪽의 나라를 뒤흔들고 있네

그곳까지 철도를 이어가고
황폐한 산에 나무를 심으며

팔월에는 이산가족이 상봉하고
여기저기 기지개 켜는 소리 요란한데

구십오 세 할아버지 가족 상봉
무작위 추첨에서 떨어지고 허탈한 뒷모습

그 뉴스에 가슴이 찡한데
언제쯤 고향산천 한번 다녀올 수 있을지

훈풍이 불어오는 그곳에 자유로이
이산가족 모든 분들 하루빨리 평생소원 이루시길

국경을 넘다

국경을 넘는 것은
여러 가지 이유가 있겠지만
상항에 따라서 다르다

지난해 북한 병사가
총탄을 온몸으로 맞으며
목숨을 걸고 국경을 넘어와서
세상을 뜨겁게 하였고
외과 의사 한 분이 유명해지기도 하였지

금년 꽃피는 사월 어느 봄날
대한민국이 아니 전 세계가
주목을 받은 날

그날 그곳 판문점엔
남쪽 대통령과 북쪽 최고지도자의
그대 한 만남에 깜짝 쇼가 있었지

판문점 남쪽 경계선을 넘어온
북쪽 지도자와 악수를 한 대통령의
손을 잡고 북쪽 땅 경계선을 넘었다

똑같은 국경선도 상황에 따라
평화를 상징하기도 하고
목숨을 걸기도 하는 그곳에

철새와 바람과 구름만이 넘었는데
이제부터는 남과 북 사람들이
자유로이 왕래하는 원한이 없는 길 되면 참 좋겠네

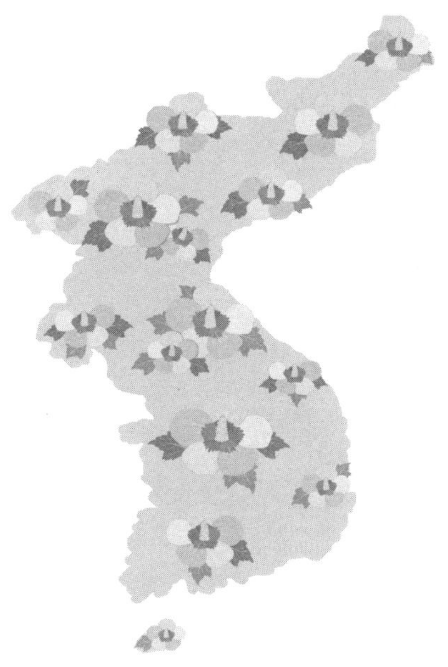

그대 이름은 번뇌

늦바람났나 봐

눈을 감으면
생각나는 그대를

자다가도 벌떡 일어나
끌어안고 같이 뒹굴며

동고동락하면서
헤어나지 못하고

고뇌에 빠져 심장이
터져 죽을 것 같이

시시각각 찾아와서
나를 괴롭게 하더니

이젠 점점 멀어져 가나 봐

아무리 날밤을 뒤척여도
잘 떠오르지 않고

가슴만 답답하게 만드는
무심한 그대 이름은 번뇌

혼밥을 즐기는 젊은이들

요즘 젊은이들은 칸막이 속에
혼밥 혼술을 즐긴다고

매스컴을 통해 듣곤 하지만
어디 좋아서만은 아닐 듯

세상이 각박하고
누굴 잘 못 믿어서

차라리 혼자인 것이
편안할지도 몰라서일 거야

외동이 들이 많으니
부모님들이 자식을
너무 귀하게 키워서

집밖에 사람들과
소통의 문제가 많을 듯하지만

인생사 어디 뜻대로
마음대로 할 수 없는 일 많아도

그래도 세상과 소통하면서
살아가면 좋으련만

노인들의 혼밥이란

요즘은 혼밥을 먹는 늙은이들도
늘어나는 세상이 되어 가고 있는데

의술이 좋아 노인 인구가 늘어나면서
오래 사는 늙은이들이 많은 탓도 있겠지만

이젠 여자들도 남자들도
자유롭게 사는 탓도 있을 듯하고

세월 따라 모두 바쁘니
혼자 집에서 삼시 세끼 챙겨 먹기 싫어서

가끔 식당에 혼자 갔을 때
우리 또래들이 혼자 밥을 먹고 있으면

여자들은 처음 보는 사람이라도
친한 사이같이 수다를 떨며 밥을 먹고

남자들 속은 잘 모르지만
그냥 고개 숙이고 아마도 밥만 열심히 먹겠지

혼란스런 머릿속

길 잃은 생각하나
머릿속에 들어와
나를 헤집고 다니는데

너무도 말똥말똥한 의식 속에
귀뚜라미 귀속에 틀고 앉아
울고 있는 휘파람 소리

무심코 넘어가는
머릿속 책장 안으로
낡은 생각 하나가

쥐덫처럼 내 생각을 덮치고
출구를 찾지 못하고 어둠에 갇혀
바동거리며 심장은 방망이질

오늘도 수많은 생각에 잠겨
토끼 눈알처럼 빨갛게 충혈되어
출구 없는 날밤을 되새김질만 하고 있네

잊을 수 없는 사람

아무리 생각해봐도
그렇게 사랑한 것도 아니고

돌이켜 생각해봐도
그렇게 좋아한 것도 아닌데
무슨 이유로 이런 것일까

그 사람 떠나고 보니
생각나고 보고 싶은 건
어떤 이유로 이런 생각 들까

시간이 지나고 보니
고운 정만 정이 아니고
웬수 같은 정도 정일까

가슴속에 박힌
비수가 빠진 자리

속살 차느라 쓰리고 아린 걸까

세월이 흘러간 뒤에
잊으려 해도 잊을 수 없는
그 자리는 무슨 깊은 뜻 있을까?

어긋난 사랑법

그 사랑이
떠난 후에 알았습니다

그것이 그 사람의
사랑법이란 것을

그립습니다

웬수 같이 밉던
그님의 사랑법이

지금은 참 그립습니다

쓸쓸한 자화상

가뭄에 논바닥 갈라지듯 쭈그러진 피부
투박하고 어그러진 뼈마디 굽어진 허리

한겨울 모진 삭풍을 이겨낸 가장들이
퇴물이 되어 이곳저곳 헤매고 다니는 자화상들

노인 복지관도 못 가는 노인들은
무료급식소를 찾아다니며 하루의 한 끼로
굶주린 배를 채우며 살아가는 사각지대의 어르신들

외로움들이 밀물처럼 밀려올 때면
공원 팔각정으로 하나둘 모여 서로의 안부도 묻고
하루의 쓸쓸함을 달래보는 둔탁한 자화상의 뒷모습

노인이 되어도 여자는 여자다

살구꽃 복사꽃이 활짝 웃는 계절
우리 옆집 할매 봄바람 났나 봐

여든이 넘은 연세에도 얼굴엔
복숭앗빛 볼연지를 곱게 칠하고

입술엔 장미꽃보다 더 붉은색을
손톱에는 핑크빛 매니큐어를 바르고

이 빠진 함몰된 입으로 살짝 미소지으며
벤치에 살포시 앉으니 할배들이 주위로 모여드네

모두들 마음만은 아직도 이팔청춘들인데
몸들이 마음대로 잘 따라주지 않으니 안타까울 뿐

봄바람이 살짝 꽃들을 흔들어주니
꽃잎이 할매 머리 위에 살포시 내려앉는다

노인과 고목

노인들의 팔뚝과 발을 보면
어떻게 무엇을 하며 살아왔는지
인생의 훈장이 몇 개인지 보여 진다

주지 껍데기 같은 피부 밖으로 튀어나온 억센 힘줄이며
태양과 맞부딪치며 힘겹게 걸어온 수많은
세월의 흔적이 고스란히 축적되어 농축된 증거들이다

그들도 젊은 시절 한땐 꿈도 욕망도 많았지만
세상사 녹록하지 않은 일들과 가장으로서 책임감에
최선을 다해 열심히 살아온 훈장이라고 하기엔 너무 서글퍼진다

지나간 세월을 되새겨 보니
희로애락이 주마등같이 스쳐왔다 스쳐 가는데

마을 뒷산에 수백 년을 비바람에도 버티고 서있는
저 고목도 온몸에 굳은살이 박이고 두터운 껍데기가
세월의 나이테를 만들어놓고 힘줄이 튀어나온 뿌리의 모습이

노인과 똑같아서 고목을 바라보노라면
둘이 아닌 심정으로 동병상련의 정을 느끼며
이 모두 끝자락에서 맞이하는 그 들의 등불 같은 것

C20 암의 분류 코드

깊고 긴 터널을 지나
층층 계단을 미끄러질 듯이 들어가면

석회암 동굴 안에 자라고 있는
아직은 작고 여린 아기 석순
이름은 C20 악성 신생물
스트레스와 지방과 오염을
영양분으로 흡수하며 동굴 속에 매달린 박쥐처럼
매일 조금씩 눈을 밝혀간다

그를 잡으러 나선 길
갈퀴에 시퍼런 칼날을 달아
깊은 동굴 속으로 밀어 넣는다
갈고리에 매듭을 만들어 묶어놓고
목을 조이고 잘라내니 선혈은 불꽃같이 퍼져나가
터널 안은 발갛게 물 들어간다

반쯤 죽은 나는 눈을 뜨고 잘려나가는 독버섯을
아니 젤리같이 생긴 것을 구경하다 잠이 들었다

얇은 벽엔 웅덩이가 생기고
하얗게 서리 내려 쌓여간다

서글픈 사랑

붉게 타는 저 산언덕 너머에는
그 누가 살고 있기에

오늘도 변함없이
그대는 뜨거운 눈물을 흘리며
그 고개를 넘어야만 합니까

저녁연기 모락모락 산 밑에 올라오면
능선에 걸쳐있던 불그스레한 몸뚱이
눈 깜짝할 순간 스르르 사라져 버리면

아름다운 당신의 그 뒷모습을
바라만 보는 난 어떻게 하라고
그렇게 홀연히 떠나버리십니까

오늘도 서산을 부끄러운 얼굴로 넘으며
수줍게 웃는 그대 이름은 붉은 노을

이런 친구 하나쯤

매일 서로 안부를 묻고 수다도 떨고
아주 소소한 일이라도 나눌 수 있는
이런 친구 하나 있으면 참 좋겠네

하루라도 안 보면 못 견디고
오밤중이라도 전화할 수 있는
이런 친구 하나 옆에 있으면 얼마나 좋을까

서로가 서로를 이해하고 양보하며
언제든지 볼 수 있고 만날 수 있는
이런 친구 하나 있으면 내 인생 참 잘 살았다 하겠지

오늘과 내일

내 일생에서
오늘이 제일 예쁘다고 생각하자

내일은 모르는 일
오늘이 제일 행복하다고 생각하자

내일은 알 수 없는 일
오늘이 제일 건강하다고 생각하자

내일은 내일일 뿐
오늘이 제일 즐겁다고 생각하자

내일은 매일 말뿐
오늘이 제일 소중하다고 생각하자

제5부

일출의 웅장함

일출의 웅장함

검푸른 새벽 바다와 하늘이 맞닿은 것처럼
하나 되어 시뻘건 빛이 홰를 치고
솟아오르는 용광로의 불덩어리처럼

눈이 부시도록 빛을 뿜어내며
주위를 벌겋게 물들이고
순간 숨소리도 바람 소리도 멎은 듯

모든 사람들은 숙연해지면서
두 손 합장하고 가슴 깊은 곳에 있는
개인의 소원들을 간절하게 기도하는 순간

눈 깜짝할 찰나
만삭의 붉은 빛이 세상을 비추니
주위는 환호 소리와 함께 함성이 터져 나오고

새벽 추위에 얼었던 몸과 마음
봄바람에 눈 녹듯이 따뜻해지고
해님은 점점 높이 떠올라서 내일을 기약하네

두 손 모아 염원

비취색보다 아름다운 고흥의 앞바다
구름 한 점 없는 수정같이 맑은 하늘 아래

나로호 발사대 앞
시야에 담을 수 없을 만큼 넓고 푸른 잔디 마당
회색 물결 바람에 일렁거리고 있는데

법복 단정히 입고 머리쓰개 얌전히 쓰고
연병장 군인들같이 일렬로 차렷 자세하고 서서
가로세로 한 치의 오차도 없이 줄 맞추고
걸망 메고 떠나는 백팔 신도 칠백여 명

나로호 성공 기원 염원 기도
가슴 깊은 곳에서 솟아나는 불심으로
두 손 합장하고 백팔 배를 올리니
송골송골 맺힌 땀방울 뚝뚝 떨어져 내려
눈으로 입으로 들어오니 짭짤한 소금 맛이 나고
지나가는 바람이 부채질하니 에어컨보다 시원한데

구름 한 점 없이 쨍쨍한 오뉴월 한낮
반질반질한 스님 머리 햇볕이 내려앉으니
구슬 같은 땀방울 흘러내려 회색 장삼 흠뻑 젖는구나

안개 속 같은 삶

찬바람 맞으며 졸고 있는 가로등 밑
희뿌연 안개와 멍하니 서 있는 그림자

등 뒤엔 무쇠 같은 짐을 지고
오늘도 첫차를 기다리고 있다

덜거덩거리며 달리는 차 창 사이
성에로 얼룩져 흘려 내리는 눈물

잠도 들깬 초점 잃은 두 눈동자
피곤한 몸뚱이 의자 깊숙이 밀어 넣고
고개는 금방 앞으로 푹 떨어졌다

혹시 정거장을 지나쳤나 화들짝 놀란 얼굴
휘둥그레진 눈으로 벨을 누르고

천 번을 흔들려야 어른이 되는 길을
뚜벅뚜벅 걸어가는 뒷모습의 쓸쓸함이
외로운 젊은이의 어깨를 감싸는데

아직 어둠은 걷히지 않고
여명은 먼발치에서 서성이고 있는데
축 처진 두 어깨의 긴 그림자는 더욱 무겁다

논개와 남강

남강의 저 푸른 물결
촉석루의 허리를 휘감고 유유히 흐르는데
논개의 얼같이 빛도 푸르다
서장대서 바라보는 저 풍경은
나그네의 마음을 설레게 하는구나

아! 옛날 그 의암 바위 위에서
멱도 감고 뛰어놀던
친구들은 다 어디 가서
무엇을 하며 사는지 알 수 없고
아낙네들 왁자지껄하던 빨래터
지금은 흔적조차 없네

그 자리엔 유람선 보터만
유유히 떠 사랑놀이 즐기고
푸르디푸른 물결 진주의 젓줄
칠암동 대밭 숲 지금도
여전히 푸르고 아름답구나

시월이면 떠들썩한 남강의 세계유등 축제
물 위에 치친 유등들 모습 정말로 화려한데
몇천 년을 지나도 변함없이 아름답게 영원하리라

선거와 매미

사오 년에 한 번씩 굼틀거리며
정체를 드러내고
스물스물 나타나서

때론 철새로 변해서 나오기도 하고

매미처럼 그늘 밑에서 맴맴 맴 거리며
시끄럽게 울다가
슬그머니 사라지고 없는

그들은 진정한 정치인인가

땅속에 수년 동안을
애벌레로 숨죽이며 있던
매미도 세상 밖으로
나와 허물을 벗고 좋아서 우는지

여름 한 철 지나면 사라질 자신이 서러워서 우는지

모두 한철을 위해 맴맴 맴
그렇게 애타게 우는 진정한 이유는 뭔지

삼복더위와 이열치열

붉게 탄 햇볕에 파란 하늘이 쨍그랑하고
깨어질 것 같은 유리알처럼 투명한 한낮

삼곳* 마냥 찌는 열기 속에
식빵처럼 부풀어진 아스팔트 위를
달리는 자동차 타이어 타는 냄새

멍멍이의 거친 호흡 소리에
더위에 지친 매미도 울음을
잠시 날개에 접는 한 낮 시간

공사판 인부 철모에 별이 반짝거리고
삼계탕집에는 사람들이 인산인해를 이루니

이열치열 열은 열로 다스리고
어지러운 머릿속만 빙빙 도는구나

* 삼곳 : 삼(대마)을 수확하여 삶는 가마를 이르는 옛말이다.

거대한 물거품
— 매미*

남태평양에서 올라오는 불청객
대한민국을 발칵 뒤집어 놓는다

하늘도 화가나 항로를 열지 않고
바다도 너울의 춤을 추며
하얀 포말을 토해내고 달려든다

방파제를 집어삼키고
수백 톤의 대형 배도 두 동강 냈다

가두리 양식장의 고기도 전복도
모두 행방불명되어 찾을 길 없고

땅 위의 하우스도 뚜껑을 열어
아가미를 벌리고 춤을 춘다

과수원엔 일 년 수고의 땀방울이 눈물로 변하고
바닥엔 내동댕이쳐진 과일들이
수북이 쌓여 문드러지고 썩어간다

농부의 마음은 곪아 상처만 깊어지고
하루아침에 만신창이 된 삶

* 매미 : 2003년 9월에 한반도에 막대한 피해를 입힌 태풍.

겨울에 만난 바다

조용하고 한적한
겨울 바다

누구인지 알 수 없는
발자국 하나

말 없는 파도는
철석이다가

외로운 발자국
스르르 쓸어가네

지난여름 인파 속에
보이지 않던 너의 모습

반가움의 인사는
내 발등 위에 키스하는 것

마음의 상처

잊어야 한다고
하루에도 열두 번씩
다짐을 해보건만

마음속에 고운 정보다
미운 정이 이끼처럼 켜켜이 쌓여있어

때론 그리움이 되고
때론 아픔으로 남아 마음에 상처를 내고 있네

희미한 달빛의 그림자

메밀꽃 들판에
하늬바람 불어오면
하얗게 춤추는 꽃잎들

계절이 물들어
익어가는 들녘엔
서글프게 흔들리는

꽃잎 사이로
희미한 달빛의
그림자만 남아있고

그대가 말없이 떠나간 뒤
가슴엔 시퍼런
그리움이 자리 잡고

잊어야지 그래도 잊어야지
이별은 어차피
외로움인 것을

태화강의 대나무 숲

태화강변 십 리 대나무 숲
하늘을 찌를 듯 높게 더 아주 높게

선비의 정신을 닮아
꼿꼿하게 곧게 더 올곧게 서서

누가 감히 함부로 대적도 못 하게
목에 힘을 주고 당당하게 더 당당하게

그렇게 수 천 년을 지켜갈
푸르른 대나무 숲엔

오직 바람만 마음대로 들랑날랑
동무하며 같이 품고 놀아주는 그들은 일심동체

갠지스강과 힌두교

갠지스강 강가엔
아침에는 일출을

저녁엔 힌두교의
종교의식을 보려고

세계 각처에서 관광객들이 모여
인산인해를 이루는 곳

황하의 모래 수 같이 많은
사람들이 모여들고

힌두교 인들은
구정물같이 탁한 갠지스강물을

정화수처럼 생각하고
목욕재계하고 정성을 들인다

밤이 되면 화려한
축제가 불야성을 이루고

종교의식은
밤이 깊도록 붉게 타오르는데

생과 사가 공존하는 갠지스강 그곳

인도 바라나시의 앵벌이들

인도 바라나시에 가면
흙 갈색 피부 주먹만 한 얼굴에
동그란 큰 눈 깡마른 몸뚱이의 어린이들

더운 날씨에 두터운 구제품 스웨터를 입고
하의는 실종 발은 맨발로 다니며
머리는 태어나서 한 번도 감지 않고
빗지 않은 엉클어진 산발된 모습

갠지스강 강가에 살면서
목욕한 번 하지 않은 누추한 몸 그대로

관광객의 차가 멈추면 어디서인지
우르르 몰려서 가로막고
손을 내밀면 인정에 천 원짜리 한 푼이라도 주면
수십 명의 어린이가 길을 막으며 달려들고

거리는 아귀다툼으로 변해서
관광차가 빠져나갈 수 없이 막혀 버리고

개도 돈을 아는지 가방을 멘 사람을 보면
뒤따라오면서 컹컹거리며 냄새를 맡는 그런 곳

마음의 실타래를 풀며

한평생 살아가면서 수많은
일들이 얽히고설키어

때론 상처가 되고
때론 아픔으로 남아

서글퍼지는 일상 속에서
이젠 허물을 벗고
세상 밖으로 나와

가슴 조이며 살지 말고
나쁜 생각은 다 걸러내어
홀가분하고 편안하게

한 올 한 올 뭉쳐진
마음속에 실타래를 풀어내보자

시간이 약

살다 보면
서러움이 쓴 약이 되고

더 살다 보면
괴로움이 이생의 길이 되며

지나고 보면
외로움이 마음의 보약이 될 때도 있더라

인도와 네팔의 국경선

부처님의 탄생지 룸비니 동산을 가기 위하여
바라나시에서 비포장도로 먼지를 뒤집어쓰고
여섯 시간 걸려서 네팔 국경선에 왔다

국경선에 숲이 있는 것도 아니고
철조망도 삼엄한 경계도 보이지 않았으며
간단한 절차만 마치면 통과되는 곳

그냥 보이지 않는 경계선 도로를 지나면 통과 끝
인도 쪽이나 네팔 쪽이나 똑같은 동네
허술한 외곽지역에 상점들과 사람들이 어울려 사는 곳

그런 곳에 자기들이 필요할 때는
우리나라 옛날 철도역에 차단기가 내려오듯이
도르래가 내려와 몇 시간을 차를 통과시키지 않는 곳이
기도하다

사람들이 모여드는 국경 지역에
앳되고 어여쁜 갈색 피부에 동그란 눈의 여인들이
애기를 옆구리에 끼고 서서 관광객의 모델이 되어 주기
도하는 그런 곳엔 가난하지만 여유로워 보였다

베리에이션(Variation) 시학

— 김정옥 시집 『새벽부터 뛰었는데 벌써 석양』 해설

우종상 (문학평론가, 시인, 문학박사)

1. 들머리.

베리에이션(Variation)은 흔히 음악에 사용되는 용어로 변주곡(變奏曲)을 말한다. 음악에서 어떤 주제를 바탕으로 하여 리듬이나 선율 등에 변화를 주어 만든 악곡을 말한다.

변주(變奏)는 한 번 나타난 소재가 반복할 때 어떤 변화를 가하여 연주하는 것을 말한다. 변주된 소재는 당연히 원형과 다른 상태에 있으나 변주의 빈도가 높고 낮고 간에 원형의 연결은 유지되어야 한다. 즉, 주제가 극단적으로 변주된 결과 원형과는 아무 관련도 없는 것 같은 상태에 있을지라도 그중에 원형과의 관련성이 어떤 형태로든 잠복하여 있다. 그것을 발견함으로써 그와 같은 변주가 원형에서 어떻게 유도되었는지를 알 수 있다. 변주에 의하여 예술작품에 불가결의 요소인 '변화'와 '통일'은 확실히 그리고 쉽게 보증된다고 한다.

김정옥 시인의 『새벽부터 뛰었는데 벌써 석양』은 첫 번째 시집이라서 그런지 아침 이슬과 같은 청순하고 풋풋한 시어들에서 신선함을 느낄 수 있었다.

1부 고향집 대숲에 바람 불면(16편), 2부 인생사 별거더냐(17편), 3부 늦게 핀 꽃도 아름답다(15편), 4부 바람이 불어오는 그 곳(15편), 5부 일출의 웅장함(16편) 등 전 79편의 시들이 올망졸망 각기 특색 있는 시향(詩香)을 드러내고 있다.

신새벽부터 뛰었는데 벌써 석양이라는 그의 시집 제목이 암시하듯, 시로써 생의 여로를 더듬어 보며 그의 전 생애에 대한 나름대로의 회억(回憶)과 자기 성찰이 주된 시집의 내용이라고 생각한다. 그렇기 때문에 다양한 시의 내용들로 구성된 한 폭의 수채화와 같은 시집에서 누구나 쉽게 여운과 감동을 느낄 수 있을 것이다.

어떤 주제를 설정하고, 주제의 리듬, 선율, 화음 등을 여러 가지의 방법으로 변화시켜서 전체를 하나의 악곡으로 만든 것이 베리에이션이라면 그의 시집은 시인에게 있어 인생의 여정이란 테마(Theme)를 주제로 하여 각양각색의 다양성을 변주로 하였기에 시인이 살아온 생의 편린(片鱗)을 화려하되 사치스럽지 않다는 화이불치(華而不侈)의 미덕으로 재포장하여 소담하게 펼쳐 보이고 있어 시다운 시를 표출하고 있다고 할 것이다.

기계문명과 물질문명이 인간사회를 지배하는 현대사회에서 마음이 황폐해진 인간들은 정신의 안식처가 필요하게 되었기에 시의 필요성이 더 절실히 요구가 되는 시대가 도래하게 되었다고 생각한다.

김정옥 시인의 시를 대할 때 여성 시라는 선입관 때문인지 그의 시를 읽으면 능소화(凌霄花)가 연상이 되었다. 꽃말이 명예와 기다림이란 능소화는 여름이 깊어 갈수록 신록의 대지에서 꽃이 귀한 여름날의 아쉬움을 달래주며 보는 이의 시선을 끄는 꽃일 것이다.

고즈넉한 정서를 품은 옛 시골 돌담은 물론 삭막한 도회지의 시멘트 담이나 붉은 벽돌담까지 담장이라면 어디라도 가리지 않으며, 담쟁이덩굴처럼 빨판이 나와 무엇이든 가리지 않고 달라붙어 아름다운 꽃 세상을 연출하는 여름꽃의 대명사가 능소화일 것이다. 특히 담장 너머로 고개를 내민 꽃 색깔은 단순한 주황색이라기보다 노란빛이 많이 들어간 붉은빛으로 겉으로는 화려하지만 정갈한 느낌이 드는 어딘지 모르게 친밀감을 보는 이에게 주는 꽃이 능소화가 아닐까?

김정옥 시인의 시집 『새벽부터 뛰었는데 벌써 석양』에서는 동양적인 수수함과 결코 화려하지 않은 단아한 시어에서 여성시의 아우라(Aura)와 품격을 느낄 수 있음은 여성 시가 주는 매력이 아닐까 한다.

2. 몸말.

흔히 여성 문학은 문학의 주체가 여성이므로 여성에 의하여 쓰여지고 여성의식의 열림과 새로운 세계에의 창조를 모색하는 문학이며, 그것은 여성들의 삶을 주된 내용으로 하는 여성 문제 및 여성 실존의 문제와 현실

비판적인 인식 속에 기존 문학사를 바탕으로 전개되는 문화양식의 얼개이며 여성을 위한 여성에 의한 문학으로 정의한다.

그렇다고 김정옥 시인의 시집 『새벽부터 뛰었는데 벌써 석양』을 여성 문학이란 틀 속에서 고찰하자는 뜻이 아니고, 단지 여성적인 시선에서 포착된 사물과 삶의 모습들과 여성적인 사고가 주는 참신한 감수성과 순결성에서 고찰할 수 있는 시적인 의미와 섬세한 시적 표현 방식의 특수성에서 독자에게 던져주는 의미의 동심원을 파악하려는 의도라고 보면 될 것이다.

시를 사랑하고 시를 가까이하는 국가와 국민들은 고루(固陋)하기보다 서정과 낭만과 여유로움이 있다고 할 것이다.

다시 말하면 시인은 치열한 삶을 살아왔는데 벌써 세월이 흘러 어느덧 황혼을 바라본다는 의미로 해석할 수 있을 것이다.

> 칠십 년 수많은 날을 산전수전 다 겪고
> 고난의 길도 어깨에 메고 걸어서 왔으며
> 다행히 늦깎이로 칠순을 바라볼 나이에 문학을
> 접하고 시를 배우며 좋은 선생님들 덕분으로
> 등단이란 큰 문턱도 넘었습니다.
> 칠십 년 하고도 이 년을 더 살고 있는 지금
> 시집 출간이라는 거대한 꿈을 실현하게 되어
> 세상 밖으로 내보낼 두려움과
> 가슴을 에워싸는 부끄러움이 얼굴을 가립니다.

위의 글은 '시인의 말'이다. 문학에 대한 올곧은 그

의 신념과 열정을 엿볼 수 있는 자전적인 회상의 글이다. 하루아침에 되는 일이 무엇이 있을까마는 그는 문학이란 벽 앞에서 담을 타고 위로만 치솟는 담쟁이덩굴처럼 앞만 보고 꾸준히 정진하였다는 시인의 말에서 나이란 단지 숫자에 불과하다는 일상의 진리를 다시금 느낄 수 있을 것이다. 그의 시에서는 한마디로 진솔한 삶의 모습, 다시 말하면 사람 사는 모습이 독자들에게 쉽게 이해가 되며 독자들과 공감대를 형성한다고 할 수 있다.

무슨 이념이나 사상보다는 담담한 어조로 진실이란 바탕천에 정서와 생각을 촘촘히 직조하여 아름다운 시어로 구성된 그의 시집에서 우리는 음성과 의미와 운율의 조화로움을 느낄 수 있다는 것이 그의 시가 갖는 장점으로 볼 수 있을 것이다.

제1부 「고향집 대숲에 바람 불면」에서는 표제 그대로 그의 고향인 산청에 대한 짙은 향수가 표출되고 있음을 쉬이 알 수 있게 한다.

중천에 뜬 달그림자 사이로
창문에 비치는 댓잎 흔들리는 소리

가슴이 시리도록 아름다운 풍경을
오랜만에 느껴보는 정겨운 고향집

앞산에 부엉이는 부엉부엉
뒷산에 소쩍새는 배고프다고 우는데

문 틈새로 새는 바람에
문풍지만 들랑날랑 거리고

만리장성 길이만큼 긴 사연을 가진
내 고향집에서 하룻밤은

두루마리 화장지처럼
돌돌 말려져 다 풀 수가 없네

―「고향집에서 하룻밤」 전문

김정옥 시인의 추억이 서린 고향에 대한 그리움이 절절히 표출되고 있음을 쉽게 알 수가 있다. 그리움의 정서야 나이가 들수록 더 새록새록 깊어가는 것이 인지상정(人之常情)이라면 위의 시에서도 고향에 대한 그리움이 청각과 시각적 정서를 통해 심화되고 있다고 하겠다.

선명한 시각적 심상과 청각적 심상의 복합적 심상이 시너지(Synergy)화되어 고향의 정겨운 모습을 형상화한 이미지가 시인의 유다른 고향에 대한 사랑을 묘사하고 있어, 시인의 고향에 대한 서정이 달그림자 사이로 댓잎 흔들리는 소리를 통해 누구에게라도 공감대를 형성하고 있다.

가슴 시리도록 아름다운 풍경을 느끼게 하는 고향집에서의 하룻밤은 시인에게 또 얼마나 많은 향수(Homesickness)를 느끼게 하겠는가? 두루마리 화장지처럼 뇌리에 엉켜 풀려고 하지만 어릴 때의 잊고 있었던 추억은 너무나 많은 기억의 벽에서 결코 실타래와 같이 얽혀 자유롭지 않은 시인의 기억의 만상(萬象)을 알 수 있게 한다고 하겠다.

김정옥 시인의 집 뜰에는 대나무가 많이 자생하고 있기에 댓잎 흔들리는 소리도 시인의 잃어버린 기억을 되새기게 하는 중요한 소재가 되고 있다고 하겠다.

우리들이 누구나 갖는 보편적인 정서인 향수를 노래한 시인의 내면에는 아마도 인간미가 삭막한 도회지 생활에서 현대인들이 상실해 가는 소중한 것인 고향의 그리움을 노래할 수밖에 없는, 고향이 주는 포근하고 아늑한 어머니의 품과 같은 이미지를 떠올리고 싶은 시인의 의식의 표출이 아닐까 한다.

그의 고향에 대한 향수를 느끼게 하는 시로는 다음의 시도 꼽을 수 있을 것이다.

돌고 돌아 반세기 넘어
고향집 마당에 들어서니

어머니는 부엌에서
아궁이에 불을 때고
가마솥에서는 맛있는 음식이 김이 모락모락
부지깽이 든 손으로
뛰어나오시며 반겨주시네

마당에는 꽃들이 활짝 피어 나를 반기고
안방으로 들어가니
그곳에도 어머니가
등잔 밑에서 바느질을 하시는데

다시 집안을 둘러보니
그것은 내가 어머니의 그때 모습으로 변하여
그곳에 와 착각으로 보인 현상

—「추억으로 가는 길」 부분

김정옥 시인에게 있어 고향에 대한 추억은 시간을 거슬러 결코 잊어버릴 수 없는 상념의 공간일 것이다. 그곳에는 어린 시절의 망각할 수 없는 기억들이 오롯이 숨을 쉬고 있고, 어머니와 마당의 꽃들이랑 어린 시절의 시인을 기다리며 음식을 조리하시는 어머니도 옛 모습 그대로 머물러 있는 꿈의 공간일 것이다. 그리운 어머니가 살아 숨 쉬며 시인을 따뜻이 맞아 주시는 그곳에서 시인은 영원히 머물고 싶은 그리움의 공간이 아닐까?

어머니에 대한 기억은 등잔 밑에서 밤늦도록 바느질을 하시는 모습도 그대로이며 바뀐 것은 나이를 먹은 현재의 자아(自我)만 있을 뿐이다.

시인과 같이 그립고 아쉬움이 멍울진 고향에 대한 추억과 옛 기억은 시인의 뇌리 깊숙이 영원히 자리 잡고 있을 것이며, 과거란 것은 영원히 결코 잊을 수 없으며 머무르고 싶은 순간들일 것이다.

평화스레 한 폭의 동양화처럼 펼쳐진 마을의 모습과 어머니의 정겨움과 인정미 넘치는 마을 사람들의 모습에서 위로를 얻을 수 있는 고향이 있다는 것이 얼마나 소중한 일일까?

고향은 생각만 하여도 가슴이 설레이고 즐겁고 아름다운 일일 것이다.

김정옥 시인에게 있어 고향에 대한 정서는 또 다른 정서를 함유하고 있다고 하겠다. 그의 고향 사랑과 아울러 고향의 모교에 대한 사랑도 유별남을 그의 시가 증명하고 있음을 다음 그의 시를 통하여 유추할 수 있다.

오랜만에 학교 주위를 한 바퀴 둘러보니
화단은 정원으로 변하여 자목련 철쭉 등 많은 꽃들피어
잘 가꾸어 놓은 유원지처럼 아름다웠다

학교를 빙 둘러싸고 있는 운치 있는 돌담길이며
그 가운데 자리한 정문에는
삭비문(數飛門)이란 문구의 현판이 걸려있는데

즉 학생들이 날을 수 있는 몸짓인
기초 학문을 배운다는 학구의 뜻을 나타낸
아름다운 뜻이 담긴 글귀라는데

옛날 서원에서나 볼 수 있는
세 칸짜리 솟을대문이
교문으로 특이하게 만들어져 있어 그런지

아름다운 학교로 선정되었다니
정말 자랑스럽고 훌륭한 나의 모교다

—「총동창회를 마치고」 전문

민족의 영산인 지리산 기슭에 사랑과 꿈이 익어가는 즐거운 학교란 슬로건(Slogan)으로 미래사회를 주도적으로 이끌어갈 '아름다운 품성과 창의적인 능력을 지닌 어린이'를 기르기 위한 배움의 전당이 바로 김정옥 시인의 모교인 단계초등학교라는 것을 그의 모교 자랑에 대한 남다른 자부심에서 엿볼 수 있을 것이다.

교문의 정문이 삭비문(數飛門)이라고 하여 아름다운 솟을대문이 웅장하게 자리하고 있는데, 자주(數) 날개짓하는 문(門)이라는 뜻으로 즉 어린 새가 나는 법을 배우기 위해 날갯짓을 하는 것이 곧 배움이라는 뜻의 함축적인 뜻을 가지고 있는 특색있는 교문을 가지고 있는 김정옥 시인의 자랑스런 모교일 것이다.

모교를 총동창회로 인하여 방문하여 모교에 대한 긍지와 자부심을 통하여 우리는 김정옥 시인의 투철한 모교 사랑을 엿보게 된다. 아마 김정옥 시인의 수구초심(首丘初心)이야 지울 수 없는 애틋한 감정으로 영원히 마음속 깊이 자리할 것이란 예단(豫斷)은 쉽게 떨쳐 버릴 수 없을 것이다.

김정옥 시인의 인생관을 엿볼 수 있는 시로는 유일하게 3행의 단시인 「오감」을 들 수 있을 것이다.

오늘도
나 살아있으므로
오감을 느끼며 즐기고 있노라

—「오감」 전문

흔히 오감(五感)이란 인간의 감각기관인 시각, 청각, 후각, 미각, 촉각의 다섯 가지 감각을 일컫는다. 김정옥 시인은 살아있으므로 오감을 느끼며 인생을 즐기고 있다는 그의 자술서를 시적으로 형상화하고 있는 시가 곧 「오감」일 것이다.

현실에 대한 안분지족(安分知足)이 바로 김정옥 시인의 인생관이며 철학이라고 할 수 있을 것이다. 안분지족이란 곧 편한 마음으로 자기 분수를 지키며 만족할 줄 앎이란 뜻이 아닐까 한다. 이것은 또 가난한 생활 가운데서도 편안한 마음으로 도를 즐기는 것을 말하는 것으로 가난하게 살지언정 비굴하지 않은 삶의 철학인 안빈낙도(安貧樂道)와도 통할 것이다.

제2부 「인생사 별거더냐」에서는 인생에 대한 시인의 깊은 통찰(洞察)이 주된 메시지(Message)로 표출되고 있다. 특히 「살며시 눈 감으면」과 「몽돌 같은 마음」에서는 사랑했던 사람에 대한 짙은 그리움이 베여 있음을 쉽게 발견할 수 있다. 「지나온 삶을 뒤돌아보며」에서는 숨 가쁘게 달려온 인생에 대한 회한의 그림자도 발견할 수 있었으며, 「인생사 별거더냐」에서는 두리뭉실 인생을 살아가는 처세가 현명하다는 시인의 판단을 느낄 수 있었으며, 「모두 부질없는 일」에서는 '작은 것에도 감사하며 사는 것이, 그것이 행복이라는 것을 이제야 깨달았네' 라고 하여 인생에 대한 달관의 경지를 피력하고 있음도 주목할 수 있는 것이다.

사랑했던 사람과의 이별의 아픔을 노래하고 있는 것을 그의 시집 도처에서 발견할 수 있음은 그의 상처가 얼마나 극심하였으며 또 후유증이 대단하였는지를 짐작하게 하는 단초가 아닐까 한다.

제4부 「바람이 불어오는 그곳」에서도 「서글픈 사랑」과 「어긋난 사랑법」과 「잊을 수 없는 사람」 등의 시에

서도 진하게 밀물처럼 밀려오는 아픔의 통증을 전달받게 된다.

제5부 「일출의 웅장함」에 나오는 「희미한 달빛의 그림자」에서 누구라도 쉽게 이별의 슬픔을 느낄 수 있지 않겠는가?

하얀 서리 머리 위에 내려앉으니
뾰족하고 날카롭던 마음
모서리 닳고 닳아 몽돌같이 둥글어지고

아리고 멍든 마음 표현도 못 한 채
세월은 흐르고 흘러서

당신의 그림자는 싸늘한 바람 되어
서산 노을에 걸쳐 있는데

먼 길 떠나는 철새처럼
감출 수 없는 허전한 이 마음 서러워라

—「몽돌 같은 마음」 전문

계절이 물들어
익어가는 들녘엔
서글프게 흔들리는

꽃잎 사이로
희미한 달빛의
그림자만 남아있고

그대가 말없이 떠나간 뒤
가슴엔 시퍼런
그리움이 자리 잡고

잊어야지 그래도 잊어야지
이별은 어차피
외로움인 것을

―「희미한 달빛의 그림자」 부분

위의 시들에서는 가슴 아린 슬픔의 그림자를 발견할 수 있지 않을까? 사랑한 사람과의 가슴 아픈 이별의 아픔은 어떻게 치유하며 보상받을 수 있을까?

봄밤에 끊임없이 구슬프게 울어대는 두견새처럼 시인은 사랑했던 사람을 잊지 못해 어쩌면 밤을 지새우며 피눈물을 토하고 있는지 모르겠다. 서러움, 눈물, 그리움, 슬픔, 한(恨) 등의 복합적 감정이 가슴에 여울져 흐르고 있는지도 모르겠다. 그것은 모질고 쓰라린 아픔일 것이다. 아마도 비탄에 잠겨 울부짖는 화자의 탄식일 것이다.

잊으려고 하지만 결코 잊혀 지지 않는 그리움은 우리 민족의 보편적 정서인 한(恨)이 주는 슬픔의 그림자가 아니겠는가?

세월은 흐르고 흘러 잊혀질 법도 하건마는 모진 것이 정이라고 시인은 결코 잊을 수 없다는 탄식을 하고 있음을 발견할 수 있다. 이별의 아픔에서 벗어나려 하지만 정에 약한 시인에게 있어서는 아픔이 닳고 닳아 '마음이 뾰족하고 날카롭던 마음, 모서리 닳고 닳아 몽돌

같이 둥글어지고' 세월에 슬픔이 희석이 되었지만, 날이 갈수록 그리움의 덫에서 결코 자유롭지 않다는 그의 고백에서 그의 사랑이 얼마나 소중하였는지도 아울러 유추할 수 있을 것이다.

'그대가 말없이 떠나간 뒤, 가슴엔 시퍼런, 그리움이 자리 잡고' 잊어야 하는데도 시인은 잊지 못하는 고통을 시로써 절규하고 있다. 그 까닭은 바로 사랑의 힘 때문이 아니겠는가?

인연의 밧줄은 세월이 흘러도 결코 삭아 내리지 않는 것일 것이다. 물론 세상살이의 인연은 마치 갈밭을 스치고 지나가는 바람과도 같이 무상하고 덧없는 것일 것이다. 운명적 이별의 상황에서 인간은 결코 자유롭지 못하는 존재이며 운명적 상황은 아무리 극심하더라도 인연을 쉽게 끊어놓지는 못할 것이다. 시인은 운명을 초월하려고 노력하지만 그의 생에서 운명이 얼마나 큰 비중을 차지하는가는 그의 시에서 누구라도 쉽게 파악할 수 있는 아픔으로 느껴볼 수 있을 것이다.

'이별은 어차피, 외로움인 것을' 이란 구절에서 이별 후의 상처는 외로움으로 덩그러니 가슴에 존재하지 않겠는가? 그러나 세월이 약이라는 김정옥 시인의 회한에 찬 넋두리에서 잊으려고 노력하지만 잊지 못하고 가슴에 묻어 둔 그의 슬픔에 공감대를 형성하고 있음을 발견할 수도 있을 것이다.

불가(佛家)에서 말하는 팔고(八苦)는 생로병사(生老病死)의 네 가지 고통에 '사랑하는 사람과 이별하는 고통' 의 애별리고(愛別離苦), '미워하는 사람을 만나는 고통' 인 원증회고(怨憎會苦)와 '구하려고 노력해도 구할 수 없는 고통' 인 구부득고(求不得苦)와 끝으로 색(色), 수(受), 상(想), 행(行), 식(識)의 정신적인 것과 물질적인 것에서 오는 고통인 오음성고(五陰盛苦)를 이르는 말이다.

여기서 상고하면 사랑하는 사람과의 원치 않는 이별의 고통은 세상 무엇과도 바꿀 수 없으며, 가슴을 짓누르는 단장(斷腸)의 아픔과 슬픔이 아닐까? 이승에서의 혈연적 사랑을 비록 지금은 상실하였지만, 김정옥 시인은 이별의 슬픔과 아픔을 세월이 흐르고 흘러 말갛게 정제되어 표백된 정서로 치유하려고 노력함을 그의 시에서 대변하고 있다고 하겠다.

애별리고(愛別離苦)의 슬픔을 우회적인 표현으로 담담하게 서술하고 있는 김정옥 시인의 가슴 아픈 고통이 가냘프게 전해지고 있음을 쉽게 느낄 수 있음은 인간이라면 누구라도 겪게 되는 인지상정이라고 생각한다.

제2부의 시에서 또 하나의 특이점은 대상에 대한 관조와 성찰의 시일 것이다.

처연하게 하루를 마감하는
아름다운 당신의 뒷모습

수줍은 새색시 볼이 생각나는
선홍빛 고운 모습 뒤로

금빛으로 빛나는 파도는
황금 비늘 되어 일렁이며 유혹하네

—「아름다운 모습 낙조」 부분

검푸른 새벽 바다와 하늘이 맞닿은 것처럼
하나 되어 시뻘건 빛이 홰를 치고
솟아오르는 용광로의 불덩어리처럼

눈이 부시도록 빛을 뿜어내며
주위를 벌겋게 물들이고
순간 숨소리도 바람 소리도 멎은 듯

—「일출의 웅장함」 부분

「아름다운 모습 낙조」는 시간이 모티프(Motif)가 되어 시간들이 마치 강물처럼 흘러 가버리고 난 후의 여백을 시적으로 형상화하고 있다. 하루의 일과를 마무리하는 아름다운 낙조를 수줍은 새색시 볼과 같은 선홍빛으로 환치하여 석양의 노을을 황금 비늘과 같이 일렁이며 유혹한다고 하였다. 물론 시인의 감각으로 보면 모든 사물과 환경을 재해석할 수도 있겠지만 시인의 안목으로 바라본 일몰의 장엄한 광경을 하루의 일상과 연결하여 경이롭게 해석하고 있다.

김정옥 시인은「일출의 웅장함」에서 '검푸른 새벽 바다와 하늘이 맞닿은 것처럼, 하나 되어 시뻘건 빛이 홰를 치고, 솟아오르는 용광로의 불덩어리처럼'과 같이 일출의 장엄함을 비유적으로 묘사하고 있다. '눈이 부시도록 빛을 뿜어내며, 주위를 벌겋게 물들이고, 순간 숨소리도 바람 소리도 멎은 듯' 붉은 일출이 어둠을 헤치고 빛을 뿜으며 사방을 붉게 물들이는 순간 숨소리와 바람 소리도 멎고 대자연의 서사시를 바라보는 뭇 시선들에서 누구라도 일순 엄숙하게 될 것이라고 여긴다.

격정적인 김정옥 시인의 시적 표현에서 남성적 어조의 강렬한 느낌을 받게 됨은 시인 자신의 일출에 대한 격정과 감동의 지대함 때문이 아닐까 한다.

제3부의 「늦게 핀 꽃도 아름답다」에서는 유달리 차(茶)에 대한 시편들이 많았다. 「김해의 명차」와 「찻잎을 따면」과 「두리차회」와 「차를 마시며」 등이 보여 김정옥 시인의 차에 대한 관심과 그가 차를 사랑하는 다인(茶人)인 것을 짐작하게 하였다.

제4부의 「바람이 불어오는 그곳」에서 특이한 시편은 김정옥 시인의 통일에 대한 염원을 담은 「국경을 넘다」와 「바람이 불어오는 그곳」이었으며, 「그대 이름은 번뇌」에서는 불교적인 색채를 느낄 수 있으며, 「이런 친구 하나쯤」에서는 그의 친구에 대한 소견이 피력되고 있음을 발견하게 된다.

제5부 「일출의 웅장함」에는 16편의 시가 오롯이 자리하고 있다. 「거대한 물거품」에서는 매미라는 태풍을 소재로 차용하고 있으며, 특히 인도 여행에 대한 시인의 견문록이 시로 형상화되어 있다. 「인도 바라나시의 앵벌이들」과 「갠지스 강가 힌두교」와 「인도와 네팔의 국경선」 등이 여행에 관한 여행 시의 범주에 들 수 있는 시편이었다. 그 외에도 「논개와 남강」에서는 '남강의 저 푸른 물결'을 '논개의 얼갈이 빛도 푸르다'라고 영탄조로 논개의 애국정신을 추모하며, 옛날의 서정적인 모습이 시간의 흐름에 변질되어 더 이상 찾아볼 수 없는 현실이지만 '칠암동 대발 숲 지금도 여전히 푸르고 아름답구나'라고 하며 세월의 무상함을 시로써 토로하고 있다.

3. 갈무리.

일반적인 시(詩)의 정의는 작가의 사상과 정서를 상상력을 통해 운율적인 언어로 압축하여 표현한 문학이라고 하지만, 박두진은 「시란 무엇인가에 대하여」에서 "시는 언제나 우리의 삶을 새로 출발하도록 고무하며, 그 삶의 근원으로 되돌아가게 할 것이다"라고 하였다.

김정옥 시인의 시집 『새벽부터 뛰었는데 벌써 석양』에서는 그의 삶의 결정체이며 지나온 시절의 응결체이기도 한 그의 자화상인 시편 79편이 수록되어 있다. 박두진의 말을 대입하여 보면 김정옥 시인은 시에서 새로운 자각으로 새롭게 삶을 조명한다는 것을 알 수가 있으며, 잃어버린 소중한 것들을 반추하여 삶의 근원으로 다시 회귀하게 하는 기회를 제공하고 있다는 것을 알 수 있게 한다.

김정옥 시인의 시집 『새벽부터 뛰었는데 벌써 석양』에서는 시의 특성이 확연히 나타나고 있다고 하여도 과언이 아니다.

첫째, 그의 시는 1인칭 현재 시제의 문학이다.

시문학은 사물에 대한 인간의 감정을 표현하는 문학 양식이다. 다시 말하면 인간의 감정이란 사물에 대한 인간의 주관적인 의식 반응이라고 볼 수 있을 것이다. 여기서 중요한 것은 감정 자체의 객관적 타당성이 아니라, 그것을 발생토록 한 감정 주체의 내적 진실이라고 할 것이다. 김정옥 시인이 비록 과거의 추억을 회상하는 경우라 하더라도 시인의 추억을 표현하는 시점은 현재가 된다고 할 것이다. 그렇기에 그의 시는 시인 자신의 내면적 정서의 주관적이고 은밀한 내적 표현의 발로라고 할 수 있지 않을까?

둘째, 그의 시집에 나오는 시들은 시인 내면의 다양한 정서와 사상의 표출이라고 할 수 있을 것이다.

고향에 대한 남다른 애향심과 그의 모교에 대한 애교심에서 그의 인생관이 유로(流露)되고 있음을 그의 시가 증명하고 있다고 볼 수 있을 것이다.

셋째, 사랑했던 사람에 대한 사랑이 유달리 강했다는 것도 특색이 될 수 있을 것이다.

결코 잊을 수 없고, 서글픈 사랑이었기에, 살며시 눈 감으면 떠오르는 사랑했던 사람에 대한 기억은 희미한 달빛의 그림자가 아닐까 한다.

넷째, 여행과 취미 생활의 단초를 발견하게 한다.

김정옥 시인의 여행에 대한 소견과 단상에서 또 다른 그의 일상의 궤적을 쉽게 발견할 수도 있다. 특히 인도에서의 해외여행 중 느낀 점을 포착하여 시인의 감각으로 재해석하였으며, 특히 차(茶)에 대한 취미 생활의 여적을 시로 표출하여 여성적인 섬세함이 시적 언어로 잘 표출되고 있다고 하겠다.

끝으로 그의 인생관의 편린(片鱗)을 잘 알게 하여 주는 것으로는 안빈낙도(安貧樂道)와 안분지족(安分知足)의 삶을 추구하고 있다는 점일 것이다.

자기에게 맡겨진 행복은 주어지는 것이 아니라 자신의 선택이라고 한다. 자기의 분수에 맞게 만족하며 살아가는 데서 진정한 행복을 찾게 된다는 김정옥 시인의 생활관이 바로 그의 인생관이 될 것이다. 노자(老子)는 '작은 것의 의미를 볼 줄 알면 밝아진다(見小曰明)' 며,

이것은 '질박하고 욕심 없는 맑은 삶은 자아를 중심으로 삼을 때 가능하다(朴外虛中宗自我)' 고 하였는데, 노자가 말하는 행복의 도그마(Dogma)의 기준은 스스로가 주체가 되어 만족하는 소박함에서 행복을 찾을 수 있다는 말이 될 것이다.

문학 장르(Genre) 중에서도 특히 시문학은 자기를 대변할 수 있다는 것이 장점이 아닐까 한다. 자기의 삶의 궤적을 되돌아보며 거기에 수반되는 추억을 반추하며 앞으로의 삶의 목표를 설정하고 있다는 것이 김정옥 시인의 다음 시집 발간을 기대하는 중요한 이유가 될 것이다.

문학세계대표작가선 864

새벽부터 뛰었는데 벌써 석양

김정옥 시집

인쇄 1판 1쇄 2018년 9월 13일
발행 1판 1쇄 2018년 10월 9일

지 은 이 : 김정옥
펴 낸 이 : 김천우
펴 낸 곳 : 도서출판 천우
등 록 : 1992. 2. 15. 제1-1307호
주 소 : 서울시 성동구 무학봉28길 6 금용빌딩 2F
전 화 : 02)2298-7661
팩 스 : 02)2298-7665
http://moonhak.wla.or.kr
E-mail : chunwo@hanmail.net

값 12,000원

* 저자와의 협의에 따라 인지는 생략합니다.

* 후원 : 경남문화예술진흥원 GYEONGNAM CULTURE AND ARTS FOUNDATION  문화체육관광부 

* 이 책은 경남문화예술진흥원의 보조금을 지원받아 발간하였습니다

ISBN 978-89-7954-731-3

이 도서의 국립중앙도서관 출판예정도서목록(CIP)은 서지정보유통지원시스템 홈페이지(http://seoji.nl.go.kr)와 국가자료공동목록시스템(http://www.nl.go.kr/kolisnet)에서 이용하실 수 있습니다. (CIP제어번호: CIP2018028674)